LENGUAJE CORPORAL

Habilidades de comunicación no verbal para
atraer a las mujeres

(Secretos para mejorar la autoestima y las
habilidades de comunicación)

Ari Ruiz

Publicado Por Daniel Heath

© **Ari Ruiz**

Todos los derechos reservados

ISBN 978-1-989853-29-0

Este documento está orientado a proporcionar información exacta y confiable con respecto al tema y asunto que trata. La publicación se vende con la idea de que el editor no esté obligado a prestar contabilidad, permitida oficialmente, u otros servicios cualificados. Si se necesita asesoramiento, legal o profesional, debería solicitar a una persona con experiencia en la profesión.

Desde una Declaración de Principios aceptada y aprobada tanto por un comité de la American Bar Association (el Colegio de Abogados de Estados Unidos) como por un comité de editores y asociaciones.

TABLA DE CONTENIDO

Parte 1

Introducción

Cuando surgieron las primeras películas, aún no existía tecnología que permitiesereproducir grabaciones conjuntas de palabras, sonidos y música. Los creadores de estas primeras películas, que conformaron el que luego se conocería como "cine mudo", se vieron obligados a contar sus historias de forma creativa.

Uno de los primeros elementos que utilizaron fue el intérprete: una persona que se paraba frente a la audiencia mientras se reproducía la película y explicaba las escenas y acciones a medida que ocurrían. Estos intérpretes fueron capaces de comunicar lo que ocurría en la pantalla sin necesidad de que los actores dijeran una sola palabra.

Los intérpretes pronto fueron reemplazados por intertítulos, textos que aparecían en pantalla entre una escena y otra. Los intertítulos generalmente explicaban lo que ocurría en pantalla. También incluían diálogos que permitían "hablar" a los personajes del cine mudo.

Para enfatizar el drama de la película, hacían uso de la música en vivo. Este acompañamiento podía variar desde un pianista o guitarrista hasta una orquesta entera, dependiendo de la sofisticación y el tamaño del lugar. Algunos teatros incluso empleaban órganos que permitían añadir efectos de sonido a las películas, como caballos galopando o truenos.

Una de las técnicas más significativas, sin embargo, era implementada por los propios actores. Los actores, usualmente veteranos del vodevil y de espectáculos en vivo, tomaron la exageración de las expresiones faciales y los movimientos corporales que se requería en las presentaciones teatrales y la llevaron al arte del cine mudo. Así como resultaba útil en el escenario, este método permitió a los actores expresar vivamente las emociones y las intenciones de sus personajes en el cine.

Con el paso del tiempo, en parte debido a que el cine permitía a la audiencia tener una vista más cercana de los actores que el teatro, las expresiones y los movimientos se hicieron más naturales y menos exagerados. No obstante, esto no disminuyó la importancia de la expresión corporal en el cine mudo y muchos de los actores más famosos de la época aún son considerados expertos en esta forma de comunicación no verbal.

Aquellos actores se valieron de su experticia en el uso del lenguaje corporal para contar sus historias, para transmitir ideas y emociones sin necesidad de depender de las palabras.

Quizás no planee usted convertirse en actor, pero es importante saber que el lenguaje corporal no sólo resulta útil en la actuación. Este libro le ayudará a comprender mejor qué es el leguaje corporal, así como a interpretarlo y aplicarlo en la vida cotidiana. No es muy probable que le convierta en una leyenda del cine mudo, pero estos principios y métodos pueden ayudarle a entender mejor lo que las personas dicen, y a expresarse mejor en situaciones sociales.

En los siguientes capítulos, discutiremos las bases de la comunicación y su aplicación en el lenguaje corporal. Además, echaremos un vistazo a la ciencia detrás de esta forma de comunicación, así como a algunos de los problemas y dificultades inherentes a ella. Por último, encontrará usted ejemplos del uso del lenguaje corporal en la actualidad y de cómo usarlo en su día a día.

Al lograr una mejor comprensión del lenguaje corporal, usted no sólo logrará entender mejor lo que las personas realmente dicen, sino que poseerá una herramienta adicional que le ayudará a comunicarse de forma más efectiva en los distintos ámbitos de su vida.

CAPÍTULO 1:¿Qué es el lenguaje corporal?

Podemos definir al lenguaje corporal como un aspecto esencial de la comunicación no verbal. Emplea elementos como los movimientos corporales y el espacio entre los individuos para comunicar sentimientos, emociones e ideas, sin el uso de palabras. Frecuentemente, no nos percatamos de que lo utilizamos o de que interpretamos y respondemos al lenguaje corporal de otras personas.

Casi cualquier movimiento corporal puede interpretarse como parte del lenguaje corporal. Las expresiones faciales, el contacto visual, el contacto físico, los gestos e incluso la postura pueden jugar un papel importante. En la comunicación verbal, estos movimientos corporales pueden complementar o contradecir lo que decimos y pueden convertirse en herramientas importantes para mejorar nuestras habilidades de comunicación.

Antes de continuar nuestra discusión

acerca del lenguaje corporal, echemos un vistazo a las bases de la comunicación para comprender mejor el papel que este juega.

Bases de la comunicación

En el modelo más simple de comunicación, existen dos participantes: el emisor y el receptor. El proceso comienza cuando el emisor tiene una idea que desea transmitir al receptor. Esa idea se convierte en un mensaje, que será enviado al receptor a través de un canal o medio. Luego, el receptor capta el mensaje y, mediante el proceso de decodificación y comprensión, lo transforma nuevamente en una idea.

Veamos, como ejemplo, una conversación común: el Sujeto A quiere decirle algo al Sujeto B. La persona con la idea, el Sujeto A, es el emisor. En esta situación, el Sujeto A se comunica verbalmente, y por lo tanto su mensaje es transmitido a través de un canal constituido por las palabras que pronuncia. El oyente, el Sujeto B, es el receptor. Él escucha las palabras que el Sujeto A dice, y las interpreta para convertirlas en la idea que el Sujeto A intenta transmitir. Así, en resumen, alguien tiene una idea, habla y aquel a quien le habla, idealmente, escucha y entiende las palabras, logrando recrear la idea en su mente.

Por supuesto, en una conversación normal, los participantes se alternan al ocupar los roles de hablante y oyente. Al intercambiarse ideas, cada persona reacciona compartiendo sus propias ideas, y este proceso se repite una y otra vez, estableciéndose así un diálogo.

Lenguaje corporal

Piense en la última conversación "cara a cara" que ustedtuvo con alguien. ¿Qué hacía mientras la otra persona hablaba? Indudablemente, escuchaba lo que decía, pero ha de percatarse de que también estaba mirando a la persona. Es probable que recuerde haber estado al tanto de los movimientos de sus ojos y manos, sus gestos, su postura y sus expresiones faciales.

Quizá usted no haya estado consciente de ello, pero intentaba leer el lenguaje corporal de esa persona. Mientras la parte consciente de su mente se esforzaba por entender las palabras, su subconsciente intentaba determinar si la otra persona estaba siendo honesta, sarcástica o incluso hostil. Esa parte de su mente intentaba comprender lo que la otra persona sentía, si estaba hablando con seriedad o había contado un chiste, o si sus palabras tenían un significado más profundo de lo aparente.

Así mismo, mientras le escuchaba e intentaba interpretar su lenguaje corporal, seguramente aquella persona intentaba lo mismo con usted. Incluso mientras usted sólo se encuentra escuchando, su cuerpo reacciona visiblemente a lo que la otra persona dice, dándole pistas para saber si está realmente interesado en sus palabras o si está de acuerdo o no con ellas.

Esta interacción añade otro nivel de comunicación a la comunicación en su forma básica descrita anteriormente, uno que involucra reforzar lo que se dice y compartir más información de la que se puede expresar en palabras a través de la comunicación no verbal.

Elementos del lenguaje corporal

El lenguaje corporal hace uso de uno o más de los siguientes elementos para la comunicación.

- *Expresiones faciales*: La cara de unapersona es uno de los elementos más fáciles de reconocer del lenguaje corporal y las personas suelen identificar el estado emocional de otros individuos a través de estas expresiones. Algunos ejemplos comunes de ello son los ceños fruncidos, las sonrisas, las cejas levantadas, entre otros.

- *Movimiento de los ojos*:Esto incluye la presencia o ausencia de contacto visual, así como la duración del mismo durante la comunicación. También incluye aquello que una persona mira y aquello que evita mirar. La mayoría de las personas mira a los ojos de su interlocutor al iniciar una conversación, y lo hace repetidas veces durante la misma.

- *Postura corporal:*La postura de una persona abarca desde la posición de la cabeza, los hombros, los brazos, las piernas, entre otros, hasta la posición de los participantes de la conversación con respecto al resto de los mismos. Este es otro elemento que las personas encuentran fácil de interpretar, especialmente al combinarlo con las expresiones faciales.

- *Gestos:*Generalmente se piensa que sólo involucran a las manos, pero también incluyen los movimientos de la cabeza, los dedos, los brazos, las piernas y los pies. Los gestos se emplean con frecuencia junto a la comunicación verbal, ya sea para enfatizar determinadas partes del discurso o para reemplazar o abreviar palabras, como cuando las personas asienten para decir "sí" en lugar de hablar.

- *Distancia y espacio:*Este elemento involucra la distancia existente entre las personas que se comunican y las alteraciones de la misma durante la comunicación. Por ejemplo, las personas que son más íntimas entre ellas suelen posicionarse más cerca al hablar.

- *Contacto:* Está relacionado a la distancia y el espacio e incluye cualquier acción que involucre contacto corporal entre las personas que se comunican. Este elemento también incluye la duración, intensidad y ubicación de ese contacto.

Existen diferentes variantes para cada elemento y una misma acción puede incluso ser interpretada de formas distintas, dependiendo de la situación y de lo que se dice. Considere lo que sucede al introducir un segundo elemento. Al hacerlo, se incrementa el número de combinaciones posibles, lo que aumenta el número de posibles significados. Una breve mirada combinada con un roce puede tener un significado al emplearse con una postura específica. Al cambiarla postura, podría significar algo completamente diferente.

Esto debería proporcionarle una idea de lo complejo que puede resultar el lenguaje corporal, además de indicarle por qué su estudio y análisis puede ser tan confuso.

CAPÍTULO 2: Kinésica

El estudio del lenguaje corporal no es una invención reciente. Era estudiado en la Antigua Grecia y la Antigua Roma para su aplicación en las artes, la literatura, las interacciones sociales y en la oratoria, con fines de formación en materia de gobierno y liderazgo. Filósofos como Aristóteles e Hipócrates, entre otros, tomaron en cuenta el lenguaje corporal en sus análisis del comportamiento humano.

Durante los siglos posteriores surgieron otros estudios respecto al comportamiento humano y el lenguaje corporal, pero no fue hasta la década de 1950 que comenzó un estudio verdaderamente científico del lenguaje corporal. La disciplina se denominó kinésica y buscaba comprender las conversaciones que tenemos cuando utilizamos exclusivamente el lenguaje corporal. Gracias a los avances en la investigación y a la rigurosidad y exactitud en la experimentación y observación, este campo ha sido ampliamente aceptado.

Si bien este libro contiene una variedad de sus observaciones más importantes sobre el lenguaje corporal humano, no profundizaremos con gran detalle en el estudio de la kinésica. He aquí algunas de esas observaciones y principios:

El lenguaje corporal es complejo. Frecuentemente se tiene la errónea concepción de que el lenguaje corporal es similar al lenguaje hablado, donde las palabras tienen significados específicos. Cuando se comenzó a desarrollar la kinésica esta era la creencia predominante, pero desde entonces se ha logrado entender que ese, sencillamente, no es el caso.

La complejidad del lenguaje corporal ya se ha abordado en el capítulo anterior, donde se explicó que una acción o un comportamiento, combinado con otro elemento puede transmitir diferentes mensajes, ideas o emociones. Esta complejidad no hace más que incrementarse cuando se toman en cuenta más elementos.

Pienseusted nuevamente en la última conversación "cara a cara" que tuvo. Combine las palabras con el lenguaje corporal y puede desplegarseante usted un nivel de significado completamente nuevo, lo que ayudará en gran medida a revelar las complejidades del lenguaje corporal y su interpretación

Para comprenderlo son necesarios el ambiente y el contexto. Esto se relaciona con el primer punto, pues numerosos factores pueden jugar un papel a la hora de intentar entender el lenguaje corporal. El contexto de un determinado comportamiento puede modificar su significado o puede influenciar la forma en que una persona lo interpreta. Las personas, comúnmente, muestran distintos comportamientos según el ambiente en el que se encuentran, ya sea el hogar, la escuela o el lugar de trabajo.

La combinación de estos primeros factores implica que probablemente no sea posible lograr una comprensión absoluta y consciente del lenguaje corporal. No obstante, se puede lograr una comprensión general luego de analizar cuidadosamente tanto el contexto como los elementos del lenguaje corporal.

Algunos elementos son universales. Se ha encontrado que ciertas expresiones y conductas pueden identificarse en todas las culturas, especialmente expresiones faciales relacionadas con la felicidad, la tristeza, el miedo, el asco y la ira. También se sabe que es universal el uso de ciertas posturas corporales para expresar orgullo, vergüenza e incluso agresión.

Si bien algunos han sugerido que esto se debe a un origen cultural común para dichos elementos del lenguaje corporal, estudios realizados en niños ciegos y sordos han demostrado que éstos son capaces de reconocer estas expresiones y conductas, incluso sin haberlas visto y aprendido previamente.Esto sugiere que existe una fuente innata para la comprensión del lenguaje corporal, una que se halla en la genética y en los instintos inherentes de las personas.

Algunos elementos son culturales. Mientras que algunas conductas son consideradas universalmente comprensibles, se ha determinado que otras poseen una naturaleza cultural y son adquiridas según la cultura y la crianza de las personas. De hecho, tomando en cuenta lo que la kinésica actualmente conoce sobre el lenguaje corporal, gran parte de lo que usamos y reconocemos del mismo lo aprendemos y absorbemos de nuestro entorno social.

Los saludos no verbales, por ejemplo, pueden variar de un país a otro, así como las expresiones de respeto y afecto. También se ha observado que entre las distintas culturas existen diferencias significativas en cuanto al espacio personal, las cuales pueden incluso coexistir en una misma ciudad. Así mismo, en algunas culturas las personas son más afectivas, mientras que en otras son más restringidas en este aspecto, y pueden incluso tener restricciones en cuanto al contacto físico o los gestos durante la comunicación.

La mayor parte del lenguaje corporal es involuntaria. Usualmente no tenemos consciencia de que usamos el lenguaje corporal o de que interpretamos las acciones de otros individuos. Las personas realizan las acciones que implica el lenguaje corporal y responden inconscientemente a estas señales no verbales.

Esto ha permitido diversas aplicacionesen situaciones donde resulta importante comprender las verdaderas motivaciones de una persona. Por ejemplo, en materia del cumplimiento de la ley, ha ayudado a determinar el estado mental de los sospechosos, o si estos no hablan con honestidad. También se emplea en la psicoterapia, permitiendo a los terapeutas comprender mejor a sus pacientes.

El lenguaje corporal puede aprenderse. Pese a lo difícil que pueda resultar entenderlo, es posible aprender no solamente a interpretar el lenguaje corporal, sino también a aplicarlo conscientemente para lograr una comunicación más efectiva. Su aplicación más notable está en el campo de la actuación, pero el estudio del lenguaje corporal también es importante en disciplinas como la oratoria y la enseñanza.

Ahora, teniendo en mente estos principios básicos del lenguaje corporal, daremos un vistazo a algunos conceptos erróneos sobre el funcionamiento del mismo y el papel que juega en la comunicación.

CAPÍTULO 3: Conceptos erróneos comunes

La mayoría de los conceptos erróneos en torno al estudio del lenguaje corporal provienen de la cultura popular, de periodistas y "expertos" en lenguaje corporal que ofrecen sus interpretaciones y declaraciones en la materia. Existen un montón de libros que pretenden brindar un conocimiento muy básico, intentando interpretar estos principios básicos como los aspectos definitorios del lenguaje corporal.

Estos conceptos errados sobre el lenguaje corporal se presentan en diversas formas.

Todos los movimientos corporales forman parte del lenguaje corporal.

Esta concepción surge, básicamente, de un análisis exagerado de los movimientos y las conductas de las personas, resultando en la idea de que hasta los más sutiles movimientos están cargados de significación. Este concepto errado puede encontrarse con frecuencia en la cultura pop y en los medios, especialmente cuando el propósito no consiste en informar sino en entretener. Incluso algunas guías de lenguaje corporal insisten en que ciertas acciones específicas siempre tienen un mismo significado específico; pero, como ya lo hemos discutido, ese no suele ser el caso.

Algunas veces, este malentendido proviene de una aplicación freudiana del hecho de que la mayor parte del lenguaje corporal se expresa sin consciencia de las acciones y es, por ello, una expresión más sincera del individuo. Sin embargo, esto no quiere decir que todas las acciones son únicamente el resultado de las necesidades y los deseos del subconsciente. Existen acciones y conductas que se presentan sin estar vinculadas al contenido que se comunica.

Por ejemplo, cuando una persona se rasca la piel, puede que sólo comunique que la persona siente picazón; no es necesario que ese movimiento tenga un significado más profundo.

El lenguaje corporal es poderoso. Este error resulta engañoso ya que tiene algo de verdad, pero el riesgo radica en la forma en que algunas personas enfatizan exageradamente el poder del lenguaje corporal, proclamando que todo lo que se necesita comunicar puede expresarse únicamente con el cuerpo. Esta noción generalmente se encuentra en guías que responden a la cultura popular y no a los principios de la kinésica.

Lo cierto es que el lenguaje corporal puede llegar a ser extremadamente poderoso. Al comienzo de este libro discutimos un ejemplo de su importancia en el cine mudo, donde los actores, al no poder emplear palabras, recurrían al lenguaje corporal para transmitir acciones y emociones. Sin embargo, decir que no es necesario el contexto para entender el lenguaje corporal y que éste tiene el poder de expresar absolutamente todo lo que se desee transmitir, constituye una exageración, y un grave error.

Las palabras tienen sus propios poderes; las palabras correctas pueden transmitir ideas concretas con una precisión mucho mayor que los gestos o el lenguaje corporal. El Discurso de Gettysburg, por ejemplo, no se hubiera podido realizar sólo con carisma y lenguaje corporal. La elección de las palabras era esencial, y esta es, en parte, la razón por la cual ha permanecido como un discurso trascendente e inspirador para muchas personas.

Considera uno de los diálogos más famosos del cine. Intenta reproducir esta famosa línea empleando solamente gestos y conseguir todo el impacto que acarrea: "Francamente, querida, me importa un bledo".

El lenguaje corporal puede ser poderoso, pero también puede ser tan sutil que es posible malinterpretarlo, o incluso no comprenderlo en absoluto.

Tiene limitaciones, y usualmente es mucho más efectivo cuando se utiliza para complementar la comunicación verbal.

Podemos controlar cada aspecto de nuestro lenguaje corporal. Es posible controlar ciertos elementos del lenguaje corporal, como el tacto, la postura y los gestos. Podemos permanecer conscientes de estos aspectos y utilizarlos para darle forma a nuestra comunicación no verbal. Esta es una habilidad que desarrollan los actores y algunos políticos. Ellos están conscientes del momento en que resulta conveniente levantar una mano, cambiar la postura corporal o incluso hacer una pausa y mirar a la gente a los ojos para lograr un efecto dramático.

No obstante, existen algunos aspectos que se escapan completamente de nuestro control. Algunos movimientos musculares, tics nerviosos y reacciones son completamente inconscientes e involuntarios. Los reflejos pupilares (la contracción y dilatación de la pupila) son un ejemplo de ello. Pueden indicar muchas cosas, y constituyen respuestas que no se pueden ocultar ni controlar

Leer el lenguaje corporal es fácil. Ya hemos discutido que el lenguaje corporal es tan complejo que es casi imposible llegar a entenderlo en su totalidad. Existen innumerables factores y combinaciones que considerar. No es sólo cuestión de memorizar una lista de conductas posibles y su significado. Para asegurar su comprensión es necesario tomar en cuenta distintos elementos, pero no es nada realista decir que se puede acertar completamente todo el tiempo y con un esfuerzo mínimo.

En los libros que intentan enseñar a engañar a otras personas mediante la lectura activa de su lenguaje corporal se puede encontrar una idea errónea relacionada a esto. Si bien es cierto que constantemente interpretamos y reaccionamos al lenguaje corporal de otras personas mientras hablamos, esto ocurre generalmente de forma subconsciente; forzarse a usted mismo no sólo a estar al tanto del lenguaje corporal de su interlocutor sino también a mantener un control consciente sobre el suyo propio requiere un gran esfuerzo.

CAPÍTULO 4: Analizar el lenguaje corporal

Todos analizamos instintivamente el lenguaje corporal de quienes nos rodean, pero generalmente lo hacemos de forma muy limitada. Para lograr un esfuerzo más consciente al comprender el lenguaje corporal de otras personas, existen varios aspectos a tener en mente:

- *TomeNota de los Elementos del Lenguaje Corporal.* Observe los ojos de la persona, su cabeza, sus expresiones faciales, sus manos y su postura. Tome nota de aquello que miran, aquello que tocan, la posición de sus pies. Si bien no todos los movimientos corporales forman parte del lenguaje corporal, una parte muy significativa quizás lo haga y si usted quiere entender mejor lo que la otra persona intenta transmitir con su lenguaje corporal necesitará ser observador.

- *Esté al tanto del contexto:*Incluso para interpretar un pequeño conjunto de acciones es necesario tener en mente el contexto de la situación. Identifique qué otros factores, ya sean internos o externos, podrían estar afectando el comportamiento de la otra persona, además de sus emociones o intenciones. Asegúrese de tomarlos en consideración, pues de otra forma podría malinterpretar las acciones de las personas.

- *Examine Varias Conductas.*Identificar solamente una conducta no garantiza una comprensión instantánea de lo que intenta decir el lenguaje corporal de una persona. Algunas personas insisten en que ciertos movimientos corresponden siempre a determinadas ideas o emociones, pero esto rara vez sucede (si acaso alguna vez lo hace). Usted debe, en cambio, buscar identificar varias conductas que apunten a la misma idea.

- *Tome en Cuenta las Diferencias Culturales.* Recuerde que el lenguaje corporal de una persona depende en parte de lo aprende de su cultura y de su crianza. No asuma que lo que usted ha aprendido específicamente en su cultura aplicará para una persona de otra cultura.

- *Tome en Cuenta las Diferencias Individuales.* Incluso personas que se han criado en la misma cultura pueden tener diferencias en su lenguaje corporal. El lenguaje corporal de una persona puede verse afectado por su edad, género, educación y economía y estos sonsólo algunos de losposibles factores.

- *Cuidado con los Engaños. Algunas personas buscan manipular su lenguaje corporal para lograr ocultar cosas o engañar abiertamente. Es posible que una persona aprenda a establecer y mantener contacto visual, ofrecer conscientemente firmes apretones de* mano e incluso modificar la postura corporal para sugerir una interpretación distinta de sus deseos e intereses. Cuidado con las señales contradictorias.

CAPÍTULO 5: Lenguaje Corporal Común

El lenguaje corporal es complejo pero, a pesar de que las personas pueden desarrollar formas distintas del lenguaje corporal, la mayoría de las personas que crecen en culturas iguales o similares presentan conductas en común. En los países de occidente, por ejemplo, las personas comparten muchas conductas comunes en su lenguaje corporal, como las que se expondrán a continuación.

Los ojos

Este es uno de los elementos más importantes al analizar el lenguaje corporal. Incluso sin estar completamente conscientes de ello, con frecuencia prestamos atención a los ojos de las personas en busca de pistas sobre la calidad y la sinceridad de nuestras conversaciones.

Todos nacemos con una capacidad limitada de identificar señales en los ojos de otras personas. Por lo general sabemos si una persona tiene la mirada perdida, si alguien está al borde del llanto o si una mirada es más que una simple mirada casual. Usualmente ni siquiera podemos explicar o describir estas señales.

Ojos mirando a la derecha: Mirar a la derecha suele indicar el uso de la imaginación o la creatividad. Las personas lo suelen hacer al crear o fabricar una historia. En el contexto adecuado, puede indicar que alguien está mintiendo o pensando en una mentira que contar.

- *Arriba y a la Derecha*: Si se supone que una persona debe estar dando una declaración objetiva, esta puede ser una señal de que miente, pero también puede indicar que intenta visualizar algo en su mente.

- *A la Derecha*: Esto puede indicar que una persona intenta imaginar un sonido en específico o aquello que otra persona dice.

- *Abajo y a la derecha*: Esto suele ser una señal de que alguien intenta analizar sus propios sentimientos sin falsificarlos.

Ojos mirando a la izquierda: Las personas tienden a mostrar esta conducta cuando intentan recordar algo que creen verdadero. Mirar a la izquierda suele considerarse como indicador de objetividad y veracidad.

- *Arriba y a la izquierda*: Las personas suelen mostrar esta conducta al intentar recordar el aspecto de algo que han visto, sin usar la creatividad para embellecerlo. Por lo general es una buena señal si se supone que la persona debe estar diciendo la verdad.

- *A la izquierda*: Esto puede ser una señal de que una persona intenta recordar un sonido en específico, como algo que alguien ha dicho o la forma en que lo ha dicho.

- *Abajo y a la izquierda*: Puede indicar que alguien habla consigo mismo y analiza situaciones externas. También puede ser una señal de que alguien procesa nueva información y trata de entenderla.

Contacto visual directo. Establecido poraquel que habla, puede indicar honestidad; cuando quien lo establece escucha puede indicar interés o incluso atracción. No obstante, debido a que es un gesto ampliamente conocido y fácil de imitar, también es uno de los métodos más comunes empleados para engañar a las personas.

Ojos muy abiertos. Usualmente indican interés, atracción o deseo. Generalmente van de la mano con dirigir la mirada hacia la persona u objeto de interés. Una persona que intenta engañar a otra puede replicar con facilidad esta conducta.

Dilatación de la pupila. Es otro indicativo de interés, atracción o deseo, y es un reflejo involuntario. Se suele relacionar con el deseo sexual, pero también puede ocurrir cuando simplemente a los ojos no entra suficiente luz para enfocar correctamente.

Frotarse o tocarse los ojos. Generalmente es un signo de emociones negativas, y puede indicar que una persona no cree lo que se le dice o que se ha comenzado a molestar. También puede indicar aburrimiento o cansancio.

Frecuencia de parpadeo. Las personas naturalmente parpadean a distintas frecuencias, y a menudo es importante establecer una base para poder determinar si una persona parpadea a una frecuencia distinta de la normal.

- *Parpadeo muy frecuente:* Suele ser una señal de emoción, aunque determinar si una persona parpadea rápido depende de la frecuencia a la que parpadea normalmente. Con frecuencia se confunde con una señal infalible de engaño.

- *Parpadeo poco frecuente:* Por lo general se combina con otros signos para confirmar que una persona está aburrida, concentrada o siendo hostil.

Cejas levantadas. Si se hace con rapidez, el acto de levantar las cejas y luego bajarlas puede ser una señal de bienvenida o saludo. Si la misma acción se hace lentamente, suele indicar miedo.

La Boca

La boca juega un papel muy importante en las expresiones faciales y se relaciona con mucha otras señales del lenguaje corporal. Su flexibilidad y la gran cantidad de músculos que posee le otorgan un amplio rango de movimiento que, aunado a su papel en la comunicación verbal, hace de la boca uno de los elementos más importantes del lenguaje corporal y de la comunicación.

Las Sonrisas son una de las más

importantes y conocidas expresiones de la boca y de la cara. Debido a la combinación de la flexibilidad de la boca con la expresividad del rostro de una persona, las sonrisas pueden tener muchas variaciones y expresar un amplio rango de emociones.

- *Sonrisas Falsas:* La mayoría de las personas las puede identificar con facilidad como signo de emociones negativas reprimidas. Los ojos juegan un papel importante al sonreír, pero en una sonrisa falsa no son tan expresivos como en una sonrisa normal. Las sonrisas falsas pueden ser un signo de acuerdo o participación por obligación, y pueden ser instintivas o practicadas.

- *Sonrisa de Labios Fruncidos:* En estas sonrisas los dientes permanecen ocultos y los labios se estiran en la cara. Pueden ser señal de rechazo o de que se oculta un secreto. También pueden ser signo de aburrimiento o falta de interés.

- *Sonrisa Torcida o Sarcástica:* Difícil de

describir pero fácil de reconocer, la sonrisa torcida básicamente muestra emociones diferentes en cada lado de la casa. Por lo general es una señal de sarcasmo o de sentimientos encontrados.

- SonrisasDivertidas: existen muchas variedades de esta sonrisa, y pueden expresar desde un tono bromista hasta coqueteo. Generalmente la cabeza se inclina hacia el lado contrario a la persona a quien va dirigida la sonrisa y los ojos intentan establecer contacto visual.

Risa. La auténtica risa natural puede afectar a todo el cuerpo. La mayoría de las personas tienen un conocimiento intrínseco del significado de la risa, constituido por el humor y la relajación.

- *Risa Forzada:* Por otro lado, la risa forzada frecuentemente es una señal de estrés, un intento de disminuir la tensión para mostrarse cooperativo y empático ante los demás.

La Dinámica de la Boca. Intente estar al tanto de lo que la persona a quien se dirige hace con su boca. Los movimientos repetitivos e inconscientes pueden indicar estrés o ansiedad.

- *Morderse los Labios*: Es una típica señal de estrés y ansiedad, pero también puede denotar concentración.

- *Rechinar los Dientes:* Es otra señal de estrés, y también puede ser signo de que la persona reprime una reacción al miedo o a la ansiedad. Puede que las personas que mastican goma de mascar con frecuencia muestren este comportamiento, así como puede que simplemente disfruten de mascar goma.

- *Colocarse Objetos en la Boca:* Incluye fumar habitualmente, masticar lápices y bolígrafos y chuparse el dedo. Puede ser una señal de que una persona intenta calmarse a sí misma, una reacción al estrés o a la ansiedad.

- *Labios Fruncidos:* Pueden ser señal de que alguien se encuentra pensativo, o de que siente molestia, ansiedad o impaciencia.

- *Taparse la Boca:* Usualmente es una señal de vergüenza o sorpresa, pero también puede indicar que se reprime algo que se tiene que decir, como si la mano evitara que las palabras salieran. Puede involucrar una o ambas manos.

- *Morderse las Uñas:* Por lo general expresa estrés o frustración, pero también puede ser señal de represión de agresividad, miedo o alguna otra emoción negativa.

La cabeza

Los movimientos de la cabeza constituyen una parte esencial del lenguaje corporal, considerando que la cara, los ojos y la boca se encuentran en ella. Aún sin incluir estas otras partes que tienen sus propios roles en el lenguaje corporal, la cabeza tiene un amplio rango de movimientos diferentes.

Asentir. Es una señal de aprobación y puede reemplazar respuestas verbales afirmativas. Dependiendo de la cultura, también puede ser un gesto de bienvenida. Debido a que puede ser un gesto controlado conscientemente, pueden usarse variaciones del mismo para engañar al hablante.

- *Asentir lentamente:* También es generalmente señal de aprobación, así como de atención y concentración.

- *Asentir rápidamente:* Si bien se tiende a entender como señal de aprobación, también puede expresar impaciencia o incluso emoción.

Sacudir la Cabeza hacia los Lados. Es un gesto de desaprobación, y también puede indicar frustración e incredulidad. El movimiento puede ser largo y visible o sutil, especialmente cuando se intenta ocultar la desaprobación. Mientras más largos sean los movimientos, más fuerte es el sentimiento de desaprobación.

Sujetarse la Cabeza. La posición de la cabeza de una persona puede indicar muchas cosas, desde un estado de alerta hasta la disposición para conversar.

Cabeza Levantada: Es señal de un alto estado de alerta, y también puede indicar que una persona escucha sin prejuicios.

Cabeza Muy en Alto: Se entiende como señal de orgullo, arrogancia y superioridad. Combinada con el mentón apuntando hacia afuera, es una fuerte señal de orgullo e incluso valentía.

*Cabeza Inclinada a un Lado:*Indica que una persona se encuentra pensativa, pero también puede sugerir interés o incluso sumisión y vulnerabilidad. Inclinar la cabeza también puede indicar confianza.

Cabeza en Vertical hacia Adelante: Es una señal de interés y atención, pues al acercar la cabeza al objeto de interés se intenta reducir la distancia con el mismo.

Cabeza Adelante y Abajo: Es un gesto de vergüenza o pena, una reacción a la

crítica. Este movimiento es, en parte, un intento de ocultar la cara y evitar la mirada, que son también señales de pena.

Cabeza Baja: Es una señal de rechazo o falta de interés, pero también puede expresar vergüenza y vulnerabilidad. Además puede ser un signo de cansancio, agotamiento y derrota si se muestra mientras se realiza una actividad.

Los brazos

Los brazos de una persona pueden indicar su estado de ánimo, y pueden expresar varias formas y niveles de actitud defensiva cuando se sostienen a lo largo del cuerpo o receptividad cuando se mantienen a los lados.

- *Brazos Cruzados:*Esta posición indica una actitud defensiva y puede ser señal de aversión, desconfianza o desaprobación. También puede ser un gesto de aburrimiento o cansancio, resultando en una falta de atención e interés. Si se sostienen con los puños cerrados, es una señal de agresividad defensiva o de falta de empatía, como si la persona estuviera preparándose para dar un golpe.

- Manos Agarrando la Parte Superior de los Brazos: Visualmente parece que la persona intenta abrazarse a sí misma, y es una señal de inseguridad o nerviosismo. Una variación del gesto es agarrar la parte superior de un brazo mientras la otra mano permanece abajo. Esta variación es más común en las mujeres.

- Brazos hacia atrás y manos agarradas: Estapose se reconoce por ser adoptada frecuentemente por miembros de las fuerzas armadas, y generalmente se considera muestra de confianza y autoridad.

- Manos y cuerpos hacia adelante: Existen muchas variantes de esta pose, y todas constituyen poses defensivas que son señales de nerviosismo y ansiedad. Los brazos en el pecho, las manos cubriendo áreas del cuerpo... Siempre que los brazos cubran alguna parte del cuerpo es posible que se trate de una postura de protección y defensa.

Las Manos

Las manos juegan un papel muy importante en el lenguaje corporal. Pueden interactuar con otras partes del cuerpo y usarse para hacer gestos que ilustren o enfaticen lo que se dice. Muchos de los gestos que se hacen con las manos dependen de la cultura, y es importante tomar nota de ello para comprender el lenguaje corporal de personas de otras culturas.

- *Palmas hacia Arriba, Manos Abiertas:*Pueden ser una señal de honestidad, transparencia o sumisión. Hay muchas variaciones, pero la mayoría expresan esa misma transparencia o sumisión.

- *Palmas hacia Afuera, Dedos Apuntando*

hacia Arriba: Puede ser un gesto de defensa cuando ambas manos están arriba como si se buscara protegerse de un golpe. También puede ser una instrucción para detenerse, especialmente si los dedos están rígidos y el gesto se realiza en dirección a una acción en específico.

- *Ambas Palmas hacia Arriba, Subiendo y Bajando:* Generalmente este gesto es una señal de que la persona está sopesando dos o más opciones, como si cada opción se sostuviera en una mano. También puede ser señal de incertidumbre e indecisión.

- *Manos con Palmas hacia Abajo, Subiendo y Bajando:*Este gesto se usa para solicitar a una persona o grupo que se calme y también puede usarse para solicitar que detengan una acción o un comportamiento.

Sutil lenguaje de señas. Las manos también son capaces de expresarse de forma más directa.

- *Mano en el Corazón:* Sugiere que una persona habla con sinceridad, pero es fácil fingir este gesto. También puede ser un gesto de defensa o una señal de sorpresa si se efectúa como respuesta a algo.

- *Dedo Apuntando:*Generalmente es una señal de agresividad y arrogancia. También puede ser señal de ira y confrontación. Sin embargo, combinado con otros movimientos, como asentir o guiñar el ojo, puede ser un signo de reconocimiento o aprobación.

- *Dedo Apuntando hacia Arriba:* No es tanto un signo de agresión, sino más bien de enfatización, aunque en su mayoría lo hacen personas de autoridad o que creen tener la autoridad.

- *Cortar el Aire con la Mano:* Otro de los tantos gestos empleados para enfatizar, especialmente para hacer énfasis en el final de una discusión.

- *Puños Apretados:* Generalmente son señal de agresividad, desacuerdo o resistencia. También pueden indicar concentración y determinación. El contexto muy importante en la identificación correcta de este gesto, pues puede ser positivo o negativo dependiendo de la situación.

- *Dedos y Pulgares Juntos Formando una Flecha:* Este es un gesto de reflexividad bastante común, mayormente hecho por intelectuales cuando brindan o esperan una explicación.

- *Crujirse los Nudillos:* Usualmente es visto como un hábito reconfortante, desempeñado con mayor frecuencia por el sexo masculino. Algunas veces expresa contemplación o preparación para alguna tarea ardua o difícil.

- *Apretar las Manos Juntas:* Es una señal

de ansiedad y frustración y por lo general es muy negativa. También puede mostrar desagrado e impaciencia, como si la persona intentara retenerse para evitar alguna acción agarrando con fuerza sus propias manos.

- *La Señal de "OK":* Se forma juntando el índice y el pulgar formando una "O", usualmente con los demás dedos relajados y apuntando hacia arriba. Indica satisfacción o aprobación.

- *Pulgares Arriba:* Es una señal de aprobación ampliamente reconocida, puede indicar que todo está bien. Este positivo gesto puede realizarse con ambas manos para enfatizar la aprobación.

- *Pulgares Abajo:* Generalmente es la señal opuesta a los pulgares arriba, indicadora de fracaso o desacuerdo. También puede realizarse con ambas manos para enfatizar la disconformidad o desaprobación.

- *Tocar la Nariz al Hablar:*Se piensa que este gesto es muy occidental y que puede ser una señal de engaño. Es común que este gesto sea de naturaleza inconsciente.

Pellizcarse el Puente de la Nariz: Generalmente es un gesto negativo y puede indicar frustración o agotamiento, especialmente al combinarse con otros gestos similares.

- *Manos Sobre las Orejas:*Este gesto por lo general lo hace una persona que se rehúsa a escuchar lo que se dice y lo rechaza, así como a la situación en la que se encuentra.

- *Acariciar la Barbilla con la Mano:*Es más común entre hombres (siendo acariciar la barbilla una variación del mismo) que entre las mujeres. Generalmente se considera un signo de reflexividad y concentración, pero también puede ser señal de indecisión y duda.

- *Apoyar la Barbilla sobre la Mano:* Algunas variaciones incluyen el apoyo de otras partes de la cabeza sobre la mano, aparentemente evitando que la cabeza mire hacia abajo. Puede ser señal de cansancio o aburrimiento, pero también de que una persona contempla una decisión.

- *Pasar los Dedos por el Cabello:*Usualmente asociado con el coqueteo, este gesto puede ser una señal de frustración dependiendo del contexto de la situación y de otras señales corporales.

- *Manos en las Caderas:*Este gesto lo suelen hacer personas con confianza, que se sienten preparadas para algo, aunque también puede indicar que la persona aún se está preparando para actuar.

- *Manos en los Bolsillos:*Este puede ser un gesto de aburrimiento o de falta de interés, pero también de inseguridad. Quien lo hace no se siente preparado para alguna acción y quizá se esté negando a realizarla, no quiera realizarla o no esté seguro de cómo realizarla, dependiendo del contexto.

Piernas y pies

El lenguaje corporal de las piernas y los pies es un buen indicativo del verdadero estado emocional de un individuo. Las personas no suelen pensar tanto en los movimientos de sus piernas y pies, por lo que, si se sabe lo que se busca, se pueden identificar más señales subconscientes en ellos.

- *Sentarse con las Piernas Apuntando hacia el Hablante:* Mientras más apunten las piernas hacia el hablante, mayor es el interés y la atención que se presta al mismo. Igualmente ocurre en el caso contrario: mientras menos interés y atención se preste a aquel que habla, más lejos de él apuntan las piernas.

- *Cruzar las Piernas al Sentarse:* Generalmente esta es una señal de escepticismo y de una actitud cerrada, y también puede indicar incertidumbre, precaución o desinterés. De igual forma puede indicar inseguridad, pero esto depende del contexto.

- *No Cruzar las Piernas al Sentarse:* Usualmente indica lo contrario al gesto anterior, mayor receptividad e interés.

- *Piernas Abiertas al Sentarse:* Por lo general masculino, este gesto suele ser una señal de arrogancia y quizá incluso una postura que envía un mensaje sexual. Es una pose muy dominante y confiada. En las mujeres, la variante de la postura sexual consiste en cruzar las piernas y envolver la pierna situada en la parte superior en torno a la pierna de apoyo, aunque esta también puede ser una pose de protección y defensa.

- *Piernas Abiertas, de Pie:* Puede ser un signo de preparación o de agresividad. También puede ser un gesto desafiante si se combina con las manos en las caderas.

- *Piernas Cerradas, de Pie:* Generalmente se entiende como una pose más respetuosa, especialmente combinada con un torso erguido y recto.

- *Rodilla Flexionada, de Pie:* Es una señal de presión y estrés, que puede indicar incomodidad por una carga o responsabilidad, especialmente si la persona recientemente se ha enterado de la misma.

Espacio personal

El espacio personal se basa en que los seres humanos sólo permitimos acercarse a las personas que son importantes para nosotros o íntimas. Si las personas se acercan más de lo que consideramos correcto, nos sentimos incómodos y actuamos acorde a ello.

El espacio personal puede variar ampliamente entre individuos y se ve afectado por la cultura de las personas. Algunas personas se sienten cómodas junto a extraños, mientras otras pueden sentir ansiedad al estar a pocos pasos de un desconocido.

La proxémica, la ciencia del espacio personal, divide el espacio personal en cuatro zonas circulares, desde el individuo hacia afuera. Sin embargo, en la lista expuesta a continuación se ha separado la primera zona en dos, pues en algunos casos éstas se diferencian.

Las distancias que se explican son distancias promedio para la cultura occidental, pero es necesario recordar que las personas pueden tener conceptos muy diferentes del espacio personal.

- *Zona ÍntimaCercana*: (Desde el contacto hasta 15cm). Este espacio está reservado para relaciones amorosas o muy íntimas, como la familia inmediata y los amigos más cercanos.

- *Zona Íntima*: (Desde 15cm hasta 45cm). Este espacio está reservado para amigos y conocidos cercanos, aunque hacemos excepciones al participar en actividades deportivas o entrar en áreas concurridas. Generalmente se produce incomodidad cuando una persona a la cual no somos cercanos entra a esta zona y podemos incluso sentirnos amenazados.

- *Zona Personal:* (Desde 45cm hasta 120cm). Este espacio es para amigos, conocidos y compañeros de trabajo. Se extiende desde la longitud del brazo hacia afuera, por lo que se permite algo de contacto. Sin embargo, un intento de intimar por parte de alguien permitido sólo en esta zona resultaría, en el mejor de los casos, incómodo.

- *Zona Social:*(Desde 120cm hasta 240cm). Generalmente este espacio es para conversaciones con extraños y conocidos. El contacto, por lo general, no está permitido más allá de apretones de mano u otros saludos.

- *Zona Pública:*(Más de 240cm). Todos aquellos con los que no interactuamos o no queremos interactuar entran en esta zona. Las personas suelen apoyarse en esto para evadir interacciones sociales, y por lo general ignoramos a las personas que están fuera de nuestra zona social.

CAPÍTULO 6: El Lenguaje Corporal en las Diferentes Culturas

La cultura juega un papel importante en el desarrollo y la comprensión del lenguaje corporal. Afecta el lenguaje corporal que empleamos y lo que interpretamos subconscientemente del lenguaje corporal de los demás. También afecta nuestras respuestas, y las respuestas que recibimos de otros.

Pensar que las personas deben proceder de países distintos para pertenecer a culturas diferentes es un error común. En realidad, a la vuelta de la esquina de su hogar puede usted encontrarse con una cultura diferente a la suya. La oficina de su empleo anterior puede tener una cultura laboral completamente diferente a la oficina donde trabaja actualmente. Si entre estos lugares tan cercanos pueden haber tantas diferencias, ¡imagine lo enteramente diferente que puede llegar a ser la cultura de otro país!

El advenimiento de la era digital ha creado aún más diferencias culturales. Las generaciones más jóvenes tienden a socializar más en internet que en interacciones cara a cara, lo que significa que no siempre desarrollan el lenguaje corporal que las generaciones anteriores emplean y entienden.

Añada a esta mezcla de culturas el incremento de las facilidades de viaje y de comunicación internacional y podrá usted ver lo importante que es entender más sobre los efectos de la cultura sobre la comunicación y el lenguaje corporal.

Si bien sería imposible documentar los matices de cada cultura con la que usted probablemente interactúe, he aquí algunas cosas que debe tener en mente:

El espacio personal varía en muchos países y culturas alrededor del mundo. En aquellas regiones donde las personas se ven obligadas a aglomerarse en espacios pequeños, tienden a tener zonas más pequeñas de espacio personal, contrario a lo que ocurre en muchas partes de los Estados Unidos, donde las personas tienen más espacio personal. En la cultura digital de hoy en día, puede que muchos jóvenes requieran más espacio personal o no tengan concepto del mismo en absoluto.

El contacto físico es importante en muchas culturas como Italia y España, donde es normal saludar a alguien que se acaba de conocer con un gran abrazo y un beso en la mejilla. Mientras tanto en algunas culturas asiáticas, como Japón, hasta amigos y familiares cercanos son muy reservados en cuando al contacto físico en público. De hecho, tocar a un superior frecuentemente es visto como una gran falta de respeto.

Los Besos se consideran un gesto íntimo en una gran variedad de culturas. Sin embargo, algunas lo consideran un gesto más común mientras que otras lo consideran mucho más privado. Los besos platónicos, como se mencionó previamente, son aceptables en muchos países europeos y en la mayoría del mundo occidental. Pueden utilizarse para saludar a familiares y amigos. En los Estados Unidos, no obstante, no es aceptado socialmente un beso en la mejilla entre hombres, incluso a pesar de ser una práctica común en Europa. Al otro lado del océano, en Asia, los besos no se usan como saludo entre amigos en absoluto, excepto en áreas y ciudades con influencia cultural occidental. Hay países incluso más conservadores en los que los besos en público son completamente inaceptables, aún entre amigos y familiares.

El Género también puede ser un tema sensible en el lenguaje corporal entre culturas. En algunos países del medio oriente, por ejemplo, las mujeres no les hablan a los hombres en público y culturas similares sólo permiten hablar a las mujeres si evitan el contacto visual. Esto es menos común en culturas occidentales, aunque aún existe una tendencia por parte de los hombres a emplear un lenguaje corporal agresivo o incluso insultante con las mujeres.

La Gesticulación puede variar ampliamente de una cultura a otra, y un gesto que se usa como saludo en una puede resultar insultante en otra. Por ejemplo, la señal de "OK" es ampliamente utilizada en la cultura occidental, pero en Sudamérica constituye un insulto. La señal de la paz, con el dedo medio y el índice formando una "V", es un gesto popular; sin embargo, si se hace con la palma de la mano hacia adentro es considerada un insulto en el Reino Unido.

El Contacto Visual generalmente es esperado en las culturas occidentales, donde se reconoce como señal de interés, honestidad e incluso confianza. En algunas culturas asiáticas, por el contrario, se considera de mala educación establecer contacto visual directo con personas mayores. En Japón, por ejemplo, a los niños se les enseña desde una temprana edad a no mirar a los maestros o a figuras de autoridad directamente a los ojos sino al área del cuello. En otros países, el contacto visual es un derecho de las personas mayores o de los individuos más dominantes en la sociedad, y resultaría irrespetuoso no mirar a un superior directamente a los ojos.

Existen muchas otras diferencias en el lenguaje corporal entre culturas, y es importante estar al tanto de su existencia al intentar comprender el lenguaje corporal de otras personas. Si usted se encuentra con la necesidad de interactuar con alguien que ha crecido en otra cultura, ya sea por trabajo, romance o incluso amistad, tomarse un tiempo para aprender más sobre su cultura puede resultar beneficioso para esa relación.

Conclusión

El lenguaje corporal puede resultar confuso, complicado y difícil de comprender, pero aquel que se toma un tiempo para aprender los gestos y señales sutiles y no tan sutiles que lo componen definitivamente tiene una ventaja en la vida cotidiana. Al saber lo que una persona realmente expresa y siente, es posible responder mejor ante una situación determinada, e incluso conducir la misma a un mejor desenlace.

Los ejemplos contenidos en este libro no aplicarán en todas las situaciones, pues cada regla tiene su excepción; sin embargo, la información de este libro puede constituir un buen punto de partida para entender mejor a las personas con las que interactúa cada día.

He aquí algunos últimos consejos para ayudarle a comprender el lenguaje corporal de aquellos que le rodean:

Sea observador. Observe atentamente a lo que hacen las personas cuando usted se dirige a ellas. Así, usted no sólo podrá identificar cada vez más señales, sino que su atención logrará que la otra persona se sienta tomada enserio, pues las señales de su propio lenguaje corporal mostrarán un mayor interés en su interlocutor y en sus palabras.

Esté dispuesto a aprender. No solamente a aprender acerca del lenguaje corporal, aunque existan muchos recursos disponibles para ello, sino a aprender más acerca de las personas que le rodean y las culturas de las que proceden. Al conocerles más, logrará entender mejor lo que dicen, con o sin palabras.

Sea paciente. La comprensión rara vez es instantánea, y puede que tome tiempo comprender completamente a las personas con las cuales interactúa. Tómese su tiempo para familiarizarse con su lenguaje corporal, y tómese todo el tiempo que necesite para aprender a relacionarse mejor con ellas.

Sea cuidadoso. Ahora que entiende más sobre el lenguaje corporal, usted debe tener cuidado con aquellas personas que buscan manipularlo o incluso engañarlo con su lenguaje corporal. Pronto podrá ser capaz de identificar las señales contradictorias que estas personas muestran, y podrá reaccionar de forma apropiada para evitar que se aprovechen de usted.

El lenguaje corporal puede ser una excelente herramienta para un mayor entendimiento. ¡Utilícelo bien y con responsabilidad!

Parte 2

Introducción

El lenguaje corporal, es la mejor fuente para obtener las herramientas basadas en investigación que permitirán entender mejor la psicología del lenguaje corporal. Aprenderás a ser másconsciente de las sutilezas de tu lenguaje corporal (interna y externamente) así como el lenguaje de otros con el fin de mejorar tu vida profesional y personal.

Escrito por un profesional de la psicología, este libro está basado en conocimiento clínico, herramientas basadas en evidencia e investigación. *El Lenguaje Corporal: Dominando las TécnicasPsicológicas del Lenguaje Corporal* es mucho más que un libro... es un programa que te ayudara a dominar las técnicas psicológicas del lenguaje corporal en tu vida cotidiana.

Los temas incluidos son:

La Psicología del Lenguaje Corporal
Que hacer bajo presión
Micro expresiones

Decepción
Como agradarle a alguien
El lenguaje corporal de los lideres
Las primeras impresiones
Como conseguir un rápido entendimiento
Como obtener un trabajo, cliente, promoción o venta
Como estamos influenciados por nuestras propias expresiones no verbales
Como cambiar tu identidad para utilizar mejor el lenguaje corporal
Y más...

La Psicología del Lenguaje Corporal

¿Qué te comunica mi lenguaje corporal? ¿Qué te comunica mi lenguaje corporal? Estas son las preguntas que muchos se hacen cuando se refiere a la percepción de las personas.

Existen muchas investigaciones para mostrar que el análisis del lenguaje corporal es una manera valida de ver los juicios. Inferimos a partir del lenguaje corporal. Estos juicios pueden afectar a quien contratamos, a quien promovemos, y con quien salimos. Una gestión que puede esconder una mentira, un saludo puede obtener el trabajo, y un gesto que puede cerrar el trato. El lenguaje corporal puede impactar cada área de tu vida, en este libro, vamos a disecar el cuerpo, la cara, y la voz para revelar sus significados escondidos y sus secretos.

En este mundo, lo que decimos es importante, pero muchas veces no recibimos el mensaje complete. Solamente siete por ciento de la comunicación es verbal. Noventa y tres por ciento de lo que obtenemos de los demás es no verbal. Cuando pensamos en comunicación no verbal pensamos en cómo somos juzgados y como juzgamos a los demás. Por otro lado, También estamos influenciados por nuestra propia comunicación no verbal.

Micro expresiones, posturas, y apretones de mano son elementos que afectan la forma en que percibimos a otros y la forma en que otros nos perciben. A pesar de los mejores esfuerzos de las personas, la verdad muchas veces puede filtrarse. El Lenguaje Corporal viene del tallo cerebral. El sistema límbico en el cerebro también se involucra con la producción del lenguaje corporal. En algún momento en la línea de la historia, tal como con la mayoría de los animales, desarrollamos la habilidad de comunicarnos de una manera no verbal. Se mantiene como nuestra forma primaria de comunicarnos especialmente cuando se refiere a las emociones. Charles Darwin escribió primero acerca de la universalidad de las emociones principalmente porque estos y otros aspectos de supervivencia del ser humano están controlados por el sistema límbico del cerebro.

Las responsabilidades del sistema límbico incluyen procreación, homeostasis, notando y reaccionando a amenazas, emociones y la seguridad de nuestra supervivencia. Las reacciones del sistema límbico son inmediatas y consistentes y aplican a todos sin importar la cultura. Las reacciones del sistema límbico están cableadas en nuestro interior. En cada cultura, cuando nos acercamos al borde de un precipicio evitamos acercarnos demasiado a ver el abismo. Es el sistema límbico en nuestros cerebros que evita que nos acerquemos demasiado al peligro.

Nuestros pensamientos, sentimientos, y necesidades son procesadas por el sistema límbico, y al final son expresadas por medio del lenguaje corporal. Desde que nacemos, mostramos signos de descontento, contento, y otras emociones y las mostramos a través de nuestras expresiones fáciles y gestos, al igual que sucede durante el resto de nuestras vidas.Por ejemplo, cuando vemos a alguien a quien amamos, imitaremos su comportamiento, nuestras pupilas se dilatarán, e inclinamos nuestras cabezas. De nuevo, nuestro sistema límbico se está comunicando a través del cuerpo los sentimientos que guardamos se corresponden con la comunicación no verbal.

El ajuste del lenguaje corporal no se siente natural al inicio. Dominar el lenguaje corporal requiere practica y generalmente implica salir de nuestra zona de comodidad. Una de las formas en que aprendemos es imitando lo que este modelado para nosotros. En el caso del lenguaje corporal, queremos imitar el lenguaje corporal de oradores exitosos, exitosos magnates de negocios, personas con éxito en las citas, etc.Al final, cuando nos referimos a la psicología del lenguaje corporal. No solamente puedes cambiar como los demás te ven (al fingir un lenguaje corporal hasta que se convierte en algo natural) también puedes cambiar la forma en que te sientes sobre ti mismo todo por tu nuevo lenguaje corporal en el largo plazo.

A través de este viaje, te equiparas con las herramientas para analizar el lenguaje corporal. Al final de este grupo cada momento que pases con otros (personal o profesional), estará lleno de impacto y poder. El mundo secreto del lenguaje corporal está a punto de abrir sus puertas para ti.

Primeras Impresiones

¿Deberías confiar en tus primeras impresiones?

La investigación en psicología social asevera que formamos impresiones duraderas de otros rápidamente, basados en sus comportamientos, lo cual incluye ampliamente el lenguaje corporal. Un paso torpe puede ayudarnos a predecir el comportamiento a futuro de una persona. Una gestión, expresiones faciales, o la postura de alguien puede hacernos creer que podemos esperar más de lo mismo de esa misma persona en el futuro. Habiendo dicho esto, también podemos cambiar nuestras impresiones a la luz de nueva información. Afortunadamente, "La actualización de impresiones" puede ayudar a alterar una primera impresión negativa en el futuro. Sin embargo, actualizar impresiones puede tomar tiempo y es simplemente más fácil ser consciente del lenguaje corporal para una exitosa primera intención desde la primera vez.

Sin importar cuanta preparación has tenido antes de un primer encuentro con alguien a menudo existe ansiedad en algún momento. Pareciera que no importa que tanto "en tu juego" te encuentres, algunas personas que conoces pueden irse sintiéndose casi indiferentes acerca de ti. ¿Porque sucede esto y cuánto tiempo tienes para hacer una buena impresión? La respuesta es que tienes muy poco tiempo lo que hace aúnmás importante estar consciente de las impresiones que causas con tu lenguaje corporal.

Aun si lo sabes o no, tu cerebro está archivando información para recordar continuamente. A este proceso se le llama patrón de reconocimiento y es una habilidad de supervivencia. Entras en el modo patrón de reconocimiento cuando conoces a alguien por la primera vez.

Tomaras características físicas y lenguaje corporal y cualquier otro indicador que pueda ayudarte a juzgar a esa persona. Tu cerebro compara esa persona contra todas las demás personas que has conocido y en unos segundos tu cerebro califica esa persona en el tipo de persona que es.lo interesante, es que tu juicio instantáneo generalmente es preciso de acuerdo con la investigación. Sin embargo, los juicios instantáneos no siempre funcionan y no siempre son útiles. Al mismo tiempo, estos juicios instantáneos son hechos por lo que es crítico para nosotros ser conscientes de la impresión que estamos dando con nuestro lenguaje corporal.

Puedes decidir si te gusta alguien o no en una fracción de segundo de verlos. Tomas una decisión inconsciente. Hay una parte de tu cerebro que es llamada el tallo cerebral. Es la encargada de hacer estos juicios instantáneos de todos alrededor tuyo. Basados en el comportamiento, decide si debieras retirarte o acercarte a esa persona. Existen categorías que tu cerebro tiene para todos alrededor tuyo. Tu tallo cerebral puede percibir en una persona, un potencial amigo o enemigo simplemente, o un potencial compañero sexual a partir de los juicios instantáneos.¿Él se parece físicamente a mí?¿Es ella similar a mí?¿Su cabello luce bien?Prestamos atención a las personas que son potenciales amigos o compañeros. Podríamostambién prestar atención a alguien a quien percibimos como un enemigo, aunque en ese caso estaremos en guardia. También tendemos a desconectarnos de aquellos que subconscientemente percibimos como ninguna de estas cosas. Como resultado, nos sentimos indiferentes hacia ellos. Muchas veces durante una reunión inicial nos sentimos indiferentes ante un extraño, pero es nuestro trabajo hacernos memorables en un sentido positive.

Construyendo Entendimiento

Una de las formas obvias de crear

entendimiento con alguien es con una sonrisa. Sin embargo, hay una forma apropiada de sonreír para inspirar confianza y hacer que la otra persona te corresponda. Querrás entrecerrar los ojos y sonreír. Sonreír con los ojos es importante para transmitir autenticidad. La sonrisa ideal se construye en tres segundos y debe ser sostenida por tres segundos. Luego querrás subir las cejas. Esto provoca el sentimiento en la otra persona que eres amigo o amigo de la familia. Dispara el cerebro primitivo y produce el sentimiento de que los conoces de algún lugar y que eres gustado.

Importancia del adecuado apretón de manos

Los apretones de mano no son universales. No todos saludan apretando las manos. Sin embargo, en algunos lugares los apretones de mano son críticos. Cuando conoces a alguien por la primera vez decides en los primeros cuatro minutos o menos si vas a escucharlos o si vas a rechazarlos y a su mensaje. Diferentes sentimientos se provocan cuando una persona saluda con un apretón de manos a otra. Uno es "siento que podría llevarme bien con esta persona". Otro es un sentimiento visceral de que "Esta persona no es confiable".

Durante un apretón de manos, el ángulo de las manos es importante. Si alguien te da la mano, y su mano terminan encima de ti probablemente tendrás el sentimiento de que esa persona está tratando de dominarte y estarías en lo correcto. Idealmente, a menos que estés tratando de ganar una carrera política, no querrás tener la mano encima ni abajo. Quieres dar la mano con movimientos verticales arriba y abajo con cada uno en lados iguales.

Ya sea que te estés preparando para una cita, una reunión o una presentación, considera cuanto impacto causaras con tus manos. Un apretón de manos es acerca de que tan agresiva o pasiva es la persona o el potencial de la persona para causar daño.

También transmite que tan vivaz o energizada se siente la persona.Una persona que te da la mano revisara si tu apretón de manos es pasivo, agresivo, amistoso u hostil. Un apretón de manos flojo indica que la persona no se encuentra comprometida, o esta aburrida, o desinteresada. Querrás aplicar la misma cantidad de presión que la otra persona está ejerciendo sobre ti. Esta es una técnica de reflejo o imitación. Esto ayuda con la construcción de entendimiento.Si durante el apretón de manos no puedes sentir la palma de la otra persona el mismo no se sentirá cómodo. De hecho, si no puedes sentir la palma de la otra persona, muy probablemente veras un giro en los ojos (un gesto de disgusto). Así, que asegúrate de presionar la palma de tu mano en su mano.

La simpatía y el atractivo pueden establecerse en una fracción de segundo. Un lenguaje corporal abierto da el mensaje de que no tienes nada que esconder. Cada buen orador (ya sea en una reunión o en una cita) se expresa desde el corazón por medio de gestos hacia el corazón de vez en cuando. También, es importante gesticular un Segundo antes de hacer una declaración. Cuando hablamos con la verdad, lo gesticulamos alrededor de medio segundo antes de hablar así que si quieres verte sincero debes hacer lo mismo.

Lo que no querrás hacer es frotar tus manos o cualquier otra parte del cuerpo. Los gestos de auto contacto significan que la persona se siente incomoda de alguna forma. Recuerda conectarte a través de la mirada. Asegúrate de transmitir una confianza natural pero no un exceso de seguridad.

Muestra tus manos. Eso indica a las personas "vengo desarmado". El lenguaje corporal abierto indica que no eres un depredador, así que deja expuestos tus puntos débiles cuando estés interactuando con otra persona. Deseas ser percibido como honesto y una compañía deseable.

Las manos completamente hacia abajo a los lados lucen te hacen ver somnoliento o desconectado. Es un error permitir que tus manos cuelguen a tus lados. Las manos deberían estar arriba (con las palmas hacia arriba) para demostrar veracidad y compromiso. Idealmente, querrás gesticular a la altura del estómago sin llegar a bloquear el mismo. Concéntrate en tu actuación del contenido más que en el contenido.la pregunta que querrás hacerte es que puedo hacer para intensificar el contenido que ya tienes con el fin de construir entendimiento y lograr que tu mensaje sea comprendido.

Ejercicio para ti:

Haz una auditoria de tu cuerpo ahora mismo. ¿Estas encorvado?¿Cruzando tus tobillos?¿Estas esparcido?¿Estas sosteniendo tu brazo?¿Quéestás haciendo con tu cuerpo ahora mismo? Escribe lo que notas ahora.

El lenguaje corporal de los lideres

Los líderes hacen fuertes declaraciones con su lenguaje corporal (ej. Entre másrápido caminas serás percibido como más poderoso). Sin embargo, no es simplemente la velocidad al caminar lo que demuestra que tan poderoso eres percibido. La caminata de poder de los animales conlleva movimientos fuertes hacia atrás y adelante y esto podría ser una señal de poder. Tradicionalmente los movimientos de poder en la cultura americana involucran muy poco movimiento en la parte alta de los hombros lo que parece ser controlado. Percibir el lenguaje corporal de líderes poderosos puede ser un proceso directo pero el lenguaje corporal es muchas veces complejo y mal entendido.

Los líderes exitosos muchas veces tienen una habilidad incrementada para detectar el lenguaje corporal. Existe una correlación entre la habilidad de un vendedor para leer el lenguaje corporal y su habilidad para vender. Otra habilidad que los lideres tienen es que tienen la habilidad de ser conscientes de su lenguaje corporal. Parece que saben cuáles comportamientos del lenguaje corporal utilizar y cuales evitar dependiendo de las circunstancias. Tomar a alguien por el codo demuestra dominio. Un pequeño toque al final de una buena medida demuestra que ellos tienen el poder y el otro es "un buen chico" o "buena chica". La figura central en una pintura siempre nos parece como la más importante. Los políticos saben esto muy bien y se posicionan para tomar ventaja de este hecho.

Una cosa que las personas querrán evitar es demostrar emociones negativas en su cara (por ejemplo, arrugar la nariz y elevar un lado del labio, lo que es una muestra de disgustó). Cuando alguien trata de enviar un mensaje positive, las expresiones faciales demostrando disgusto serian, obviamente, una incongruencia y si se hacen de forma conjunta parecerán engañosas. Un labio subiendo es una mirada de desprecio o superioridad. Esta sería una micro expresión que verías en una persona al inicio de una negociación. Otra habilidad que los lideres tienen es que son capaces de provocar comportamientos de lenguaje corporal en otros por medio de ajustar como interactúan con ellos para obtener una respuesta deseada.

Si estás viendo a alguien hablar y esta de espaldas, o se tranquilizan retorciéndose las manos, o si están viendo hacia arriba y abajo moviéndose de un lado a otro, notaras su incomodidad. Lo último que queremos en una negociación o en un lanzamiento es ser percibidos como nerviosos o incomodos de cualquier forma. Como sabemos, la comunicación comienza aun antes de abrir nuestra boca. La primera impresión que alguien tendrá de ti está en tu posición y tu postura. Tal vez es obvio, pero debes posicionarte de frente a tu audiencia. También es crítico que seas consciente de donde te paras. Alrededor del centro del cuarto o el escenario es ideal. Querrás evitar estar en la esquina. Alejarte de las ventanas es también una clave para que tu contacto visual no se distraiga hacia afuera haciéndote parecer retirado o desinteresado. Evita poner tus manos en tus bolsillos. Es difícil transmitir un mensaje fuerte en esta posición. Siempre mantén las manos a la vista.

Las personas con poder dicen "estoy en control" a hacer que las otras personas caminen por la puerta primero. El último hombre o mujer en cruzar la Puerta es el ganador. Incluso en reuniones entre amigos, el lenguaje corporal sutil puede revelar quien tiene el poder. Si son los anfitriones, tienden a ser muy territoriales. Ellos cruzan la puerta de últimos y ayudan a los invitados a entrar con una mano en la espalda para mostrar dominio. Posiciona tus pies separados por el ancho de tus caderas. Gesticula de los lados de tu vientre con las palmas hacia arriba para provocar confianza de la audiencia u otra persona frente a ti. Algunas personas creen que debes gesticular de tus manoscompletamente hacia abajo a tus lados. Si embargo, si quieres construir entendimiento es sabio gesticular del vientre hacia arriba, pero, debes ser cuidadoso y no bloquear tu vientre cuando gesticules. Si bloqueas tu vientreserás percibido como incomodo o alguien que no debe ser confiado.

De acuerdo con los estudios investigativos, cuando un orador le pide a la audiencia que haga algo 84 por ciento de la audiencia cumplirá si el gesticula con la mano hacia arriba. Por otro lado, si un orador gesticula apuntando el dedo hacia ellos, solamente el veintiocho por ciento de la audiencia cumplirá. Así que, nunca apuntes el dedo al público o la persona con quien te reúnas. Por último, asegúrate que tus gestos sean naturales y relajados.

Como oradores o presentadores en una reunión podemos estar hiper enfocados en nuestro propio lenguaje corporal que olvidamos el lenguaje corporal de los que escuchan el mensaje. Como orador y como líder, es tu responsabilidad estar consciente del lenguaje corporal de la otra persona.

Negociación

Cuando estamos negociando con alguien por algo necesitamos estar conscientes de nuestro lenguaje corporal. Con la negociación viene la emoción, el disgusto, el desprecio y algunas veces el engaño. Quieres saber que el lenguaje corporal de una persona está en la base. Por lo anterior, es útil ver un video de la persona antes de entrar en una negociación con ellos.

Durante la negociación, evita pestañear demasiado. Mantén el contacto visual cuando te presentes. Iguala su agarre durante el apretón de manos y haz tres movimientos del apretón. Quieres usar proxemias. El espacio seguro es a cuatro pies de distancia. Mas cerca podría ser invasivo y más lejos se podría sentir distante. Tambiénquerrás evitar sentarte inmediatamente enfrente de la otra persona. Idealmente, querrás un pequeño ángulo, pero aun con tu cuerpo completamente frente a la otra persona.

Debido a que una negociación es generalmente realizada cara a cara, hay muchos mensajes enviados y recibidos que no son hablados. Estos mensajes s envían a través de tu comportamiento, ya sea que llegues tarde o temprano, la ropa que usas, expresiones faciales, tu postura, y tus gestos. El uso efectivo del lenguaje corporal puede realmente ayudar a que tu mensaje sea óptimo.

Comienza una negociación mostrándote amigable. Una cara amigable esconde tus planes verdaderos para la negociación. Hazlos sentir cómodos al ser amigable pero no super amigable. Después de saludar y sentarte querrás mostrarte neutral y relajado durante la negociación. No querrás dejar escapar secretos en tu cara. Una persona con una cara de póker es difícil de leer. Sin embargo, la falta de contacto visual puede hacer sentir a las personas que estas siendo deshonesto o desinteresado. Si hay otros miembros del grupo con el que estas negociando querrás asegurarte de hacer contacto visual con ellos en adición al negociador principal. De esta forma no estas alineando a otros tomadores de decisiones.

Haz tu oferta inicial con un semblante calmado, cara neutral o cara amigable inclinándote hacia adelante. Habla de forma clara y cuida no hablar muy rápido pues te hará parecer ansioso. Muestra sorpresa cuando escuches la contra oferta. Esto indica que no estás en tu zona de confort. Si te inclinas hacia atrás estas demostrando desinterés. Si te inclinas hacia adelante estas demostrando interésasí que inclínate hacia adelante cuando quieres reforzar a la otra persona.

Si quieres enfatizar que es tu "última oferta" y quieres que la otra parte lo crea será importante señalar este este hecho.

Por ejemplo, quieres gesticular segundo antes de hacer la declaración no después. Es criticó que el gesto sea un segundo antes de hablar para que parezca natural. Si eres autentico con lo que estás diciendo notaras que tus gestos comienzan justo antes de que hables. Las respuestas límbicasauténticas de descontento o comodidad se reflejarán en el cuerpo así que debes ser consciente de lo que estás diciendo con él y lo que los demás están haciendo.

Reforzamiento durante la Negociación

Usa tus expresiones faciales y gestos para enviar el mensaje que quieres transmitir durante la negociación. Si escuchas que el otro lado concuerda contigo o menciona un precio que te gusta, deberías reforzar a la otra persona. Refuérzalos positivamente sonriendo genuinamente y/o asintiendo con tu cabeza. Recuerda que solo debes igualarlos e imitarlos cuando usen lenguaje corporal abierto. Para obtener lo que quieres durante una propuesta es crítico ser consciente de tus gestos con las manos. Estudios han demostrado que si quieres preguntar algo a alguien con tus palmas hacia arriba tendrás una oportunidad significativamente mayor de hacer que la otra persona acepte. Esto significa que en lugar de señalarlos con el dedo o gesticular con tus palmas hacia abajo, es crítico hacer la solicitud con las manos hacia arriba. Esto te ayudar a obtener lo que *tú quieres.*

Negociando bajo presión

Durante momentos de alta presión notaras "señales". Pararse con las manos detrás de la espalda o en tu cintura y acariciando tus propios dedos te dice a ti misma: "puedo hacer esto". Aunque es una forma de auto relajación, también transmite el mensaje ya sea de deshonestidad o incomodidad o ambos. Indica que la persona está bajo presión con niveles moderados o altos de ansiedad. Podrían estar tratando de protegerse de ser descubiertos y pasar las preguntas difíciles.

Cuando alguien hace una declaracióndefinitiva e inmediatamente lo retira sabemos que no están diciendo la verdad. Por ejemplo, una persona hace una declaración luego la retira y cruza sus brazos. Esto indica lenguaje corporal defensiva. Puedes con seguridad decir que no están siendo honestos en este punto de la conversación.

El lenguaje corporal de cada persona es diferente. Cada uno tiene sus propias peculiaridades por lo que el analista del lenguaje corporal buscara lo que es normal para una persona particular en una situación particular. Analizaran que hace la persona cuando le haces preguntas neutrales. Así, tendrás una norma que podrás usar para comparar las otras preguntas. Si un investigador está investigando un crimen, ellos preguntaran cual es la respuesta normal para alguien cuando se le pregunta la misma interrogante (por ejemplo, usted asesino a su esposa,¿sí o no?).

Cuando estamos en problemas, cubrimos nuestros ojos. Las celebridades que no son fanáticas de la atención se ponen lentes oscuros aun si es de noche. Bajo este tipo de escrutinio intense, el linguae corporal de una figura pública muchas veces necesita ser asesorado por un especialista. Los políticos, de forma similar a las celebridades, siempreestán en el foco de atención. Algunos son genios cuando se equivocan. Retroceden y se vuelven niños. Es agradable y juguetón. En 1960 Nixon y Kennedy estaban contendiendo por la presidencia. "El Gan Debate" fue el primer debate televisado y era entre ellos dos. Fue el momento cuando los candidatos se dieron cuenta que debían enfocarse en su imagen visual. Nixon apareció menos controlado comparado con Kennedy en el debate televisado. Kennedy permitió que le aplicaran maquillaje. Nixon se negó a que le aplicaran maquillaje. Nixon gano el debate con la radio audiencia. Sin embargo, la audiencia que vio el debate televisado favoreció a Kennedy. Él se mostrómás controlado y seguro. Los votantes observaron cada uno de sus movimientos cuando estaban bajo presión. El lenguaje corporal es un componentecriticó para los que tratan de proyectar una imagen. Muchas veces, un consultor de lenguaje corporal le preguntara a su cliente "¿Quién es alguien a quien admiras?" Una persona muchas veces se encorvará cuando se sienta amenazado. Cuando no hay amenaza se pararán derechos. Puedes saber cuándo alguien ha sido entrenado si sus movimientos no son naturales. Pareciera que piensan antes de hacer algún gesto. Cuando hablas, es importante gesticular un Segundo antes de hablar. Un gesto hacia tu corazón te hará ver agradecido por un aplauso para transmitir autenticidad.

Ejercicio para ti:

Por los próximos dos minutos, practica un par de técnicas de lenguaje corporal que has aprendido hasta ahora y anota como te hacen sentir (calmado, confiado, poderoso, etc.).

_____

_____

_____

_____

_____

_____

_____

_____

_____

_____

_____

_____

_____

_____

_____

_____

_____

_____

_____

_____

_____

_____

_____

Como enfrentar situaciones difíciles exitosamente

Para mostrar que tienes integridad, tu cara, cabeza, cuerpo, gestos deben estar alineados. Si gesticulas en una dirección y miras en otra hay una incongruencia y desconexión. Esto puede hacer que las personas te vean como engañoso.

Para la policía, leer el lenguaje corporal puede significar vida o muerte. Los oficiales de policíaevalúan continuamente a los individuaos basados en el lenguaje corporal. La primera cosa que los policías ven son los ojos. También quieren ver si la persona está nerviosa, las manos se mueven, o ven mucho en el espejo retrovisor. Estas son "señales" de que una persona pueda ser culpable. Las manos en los bolsillos indican que una persona está nerviosa por lo que va a suceder o a punto de volverse agresivo o sacar algo de sus bolsillos. Aplaudir con las manos es uno de los últimos indicadores que veras antes de que alguien esté a punto de comenzar una pelea. Es crítico para los oficiales de policía leer el lenguaje corporal para poder reconocer una amenaza y prevenir ser lastimados. Hay situaciones en que el lenguaje corporal necesita ser evaluado en una fracción de segundo.

Los investigadores han seccionado las miles de expresiones que aparecen en la cara. Han decodificado las expresiones que usamos. El Dr. Paul Ekman condujo un estudio que comparaba las expresiones faciales en diferentes culturas. El estudio comparo emociones de las expresiones fáciles con individuos de Japón y Nueva Guinea y países occidentales. Hizo videos de estas personas mostrando expresiones de tristeza, sorpresa, desprecio, felicidad, ira, miedo y disgusto. La investigación de las expresiones faciales de Ekman tuvo un impacto significativo en el estudio del lenguaje corporal. Ahora contamos con un lector facial que usa las siete emociones básicas establecidas por Ekman este mapea los músculos de la cara para leer las expresiones faciales. Cada expresión tiene diferentes grados de la expresión o emoción (disgusto, etc.). Es usada en mercadeo y seguridad. La cara comunica aúnmás que solo las siete emociones básicas. Reaccionamos consiente e inconscientemente a las expresiones que vemos en otros.

Nuestros ojos dicen más de lo que pensamos. Cuando estamos emocionados nuestras pupilas se dilatan. Los jugadores de póker no quieren que notemos su emoción y esconden sus ojos viendo hacia abajo o usando lentes oscuros. Sabemos acerca de las siete emociones universales. Las emociones muestran en la cara, pero sabemos cómo fingirlas. Si la emoción en la cara dura más que un segundo lo más probable es que la estés fingiendo. Otra señal de decepción es el movimiento de la lengua.

Cuando mentimos tendemos a hacer movimientos con nuestras manos que pueden no ser típicos. El primero es cubrir nuestras bocas. Segundo, rascamos nuestra nariz. Rascamos nuestra nariz cuando mentimos porque la adrenalina incrementada nos da comezón. También tendemos a frotar nuestro cuello y nuestras orejas cuando estamos siendo engañosos o cuando estamos estresados. El estrés es muchas veces indicador de engaño. Siempre gesticulamos antes de hablar. Cuando mentimos, decimos las palabras primero y luego gesticulamos. Uno de los videos clásicos fue cuando el expresidente Bill Clinton hizo su famosa declaración "Yo no tuve relaciones sexuales con esa mujer." El gesticula después de que hace la declaración indicando que está siendo engañoso de acuerdo con los expertos en lenguaje corporal. Queremos examinar adónde van las manos, hacia donde están apuntando las palmas, y el momento del movimiento. Cuando mentimos, tendemos a hacer movimientos con nuestras manos que de otra forma no haríamos. Cuando alguien está mintiendo tiende a esconder sus palmas poniéndolas en sus bolsillos, detrás de su espalda o gesticulando con ellas hacia abajo. Decimos mucho sin decir una palabra en absoluto.

Cuando tratamos de controlar nuestros cuerpos para engañar, muchos nos enfocamos en las expresiones faciales y la parte superior del cuerpo y nos olvidamos de lo que estamos hacienda con nuestros pies y de lo que los otros están haciendo con sus pies. Cruzar las piernas, pies o tobillos es un indicador de que uno esta incomodo con lo que está diciendo. Podría ser indicador de que una persona está guardando información valiosa. Si una persona se mece de una pierna a otra seguramente está nervioso o incómodo. Esto es un signo de que esa persona está intentando calmarse a sí mismo.

Los hombres tienden a mentir más para parecer más poderosos, exitosos e interesantes. Las mujeres tienden a mentir para proteger a otros, pero claro que esta no es la única razón. Si quieres saber si alguien quiere terminar una conversación mira sus pies. La dirección de sus pies es un signo de cuanto una persona quiere hablar con otra. Si el torso de la persona está apuntando hacia ti y sus pies están apuntando a la salida, lo más seguro es que la persona desee terminar con la conversación. Por el contrario, si el peso esta igualmente distribuido en ambas piernas significa que estas cómodo con lo que estás diciendo y estás hablando con firmeza con respecto a tus declaraciones. Nunca olvides la importancia de los pies cuando quieres transmitir honestidad y cuando estás buscando por engaño en alguien más. Es importante transmitir apertura con tu lenguaje corporal, con firmeza, y poco movimiento cuando se refiere a los pies. Finalmente, cuando alguien hace una declaración positiva pero niega con su cabeza es una "señal" de que alguien está mintiendo.

Micro expresiones

Estamos configurados para entender un poco más de tres mil expresiones faciales. Las micro expresiones son esas expresiones que salen en una fracción de segundo. Son raras y pueden mostrar que una persona está tratando de esconder algo. Las micro expresiones pueden ser la vigésima quinta parte de un segundo. Las micro expresiones revelan como te sientes en una situación en particular. Las cejas bajan si estas enojado porque te acusan de algo que no hiciste. Por otro lado, si estas siendo acusado de algo que hiciste tus cejas pueden subir juntas. Esto indicaría una fuga de miedo y sorpresa. Cuando vez la mandíbula apretada o las fosas nasales flameando esto puede ser un signo de agresión.

Cuando las personas están siendo

honestas, tu eres puesto en su nivel. Vez como sus expresiones son menos forzadas y más genuinas ya sea que estén enojados, tristes, o extasiados. El pensamiento lleva a emociones y las emociones llevan al comportamiento (o en este caso a micro expresiones). Las emociones se manifiestan en la cara como micro expresiones.

La Voz

El tono y la entonación, velocidad, y ritmo son todos indicadores importantes. El treinta y ocho por ciento de nuestra comunicaciónestá en el tono de voz. Las personas juzgan a otros simplementepor qué tan grave o agudo suena el tono de voz. La investigación muestra que la voz de una mujer afecta partes emocionales del cerebro de los hombres. Entre más alto sea el tono menor credibilidad tendrá la voz, de acuerdo con los estudios. Esta es la razón por la cual los consultores aconsejaran a los políticos bajar lo más posible el tono de su voz. Las voces se vuelven más graves a medida se envejece.

Un buen orador te hará unirte con el ritmo y cadencia de su voz. También pueden hablar en un ritmo. Un orador similar a un predicador bautista comenzaría con un tono grave, construiría, tomaría una larga pausa, y construiríamás. Es poderoso porque el contenido ya no es importante y el orador te dice cómo te debes sentir... algo muy poderoso.

Cuando hablamos y pensamos lo que estamos diciendo, nuestro cerebro envía mensajes a nuestra caja de voz. Estos han sido categorizados como inexactitudes o falsos probables en tecnología llamados análisis de voz. Entre más alto sea el número de ciertos valores mayor es la probabilidad de deshonestidad. Como te sientas, como te vistes, como caminas te dice si eres una oveja o un lobo. Es irónico el poco tiempo que invertimos en el contenido. Cuando hay un contraste entre las palabras y el lenguaje corporal créele siempre al lenguaje corporal.

Parte III

El lenguaje corporal para la simpatía y la atracción.

¿Como saber si le gustas a alguien?

El acicalamiento es un indicador que le gustas a alguien o que alguien quiere impresionarte. El acicalamiento es cualquier ajuste a tu apariencia. Algunas personas piensan que el acicalamiento es solo para las mujeres, pero no es así. Hombres y mujeres se acicalan lo cual es una acción pacificadora. Tanto hombres como mujeres se acicalan cuando se sienten atraídos por alguien y cuando quieren lograr una buena impresión.

El arreglo del cabello puede ser muy rápido(un rápido toque en el cabello o un movimiento rápido del cabello). El movimiento del cabello por hombres y mujeres es un ejemplo de acicalamiento. Otra forma de acicalamiento es endereza nuestra ropa. Si ves a un hombre o a una mujer enderezar su camisa o pantalón, este es un ejemplo de ajustar nuestra apariencia. El estiramiento de nuestra ropa es otro signo de llamar la atención hacia uno mismo. Puede ser un signo de querer presentarse bien o puede ser un signo de atención. El ajuste de la joyeríatambién es un gran componente cuando uno se siente atraído por otra persona. Un hombre puede ajustar su reloj o sus mancuernas. Una mujer puede ajustar su reloj, collar o aritos.

Los indicadores de interés(IOI por sus siglas en inglés) son "indicadores" del lenguaje corporal que transmiten que una persona está interesada en otra. Producir un acercamiento (como uno de los gestos de acicalamiento mencionados anteriormente) es una forma de invitar a otra persona a presentarse. Un hombre inflara supecho o encontrar formas de tomar más espacio con sus brazos y piernas. Los hombres y mujeres tambiéntendrán mucho contacto visual. Los estudios muestra que vemos a las personas por las que nos sentimos atraídos por periodos más largos de tiempo que aquellas por las que no nos sentimos atraídos. Las personas que se sienten atraídos por ti buscaran formas de tocarte. Tambiéntenderán a estar cerca. El/Ella puede tocarte en la espalda baja o en el hombre. Un hombre se parará derecho expandiendo sus hombros y una mujer puede more sus caderas cuando camina de lado a lado lo que muestra las curvas del cuerpo.

Es importante que los hombres se refrenen de aproximarse a las mujeres por la espalda pues esto las pone a la defensiva. Deberías aproximarte a las mujeres por los lados o por el frente. Los hombres son más propensos a acercarse a una mujer que parece disponible. Esto significa una sonrisa, lenguaje corporal abierto, mostrando el cuello, viendo al hombre de lado hacia arriba. Las investigaciones demuestran que los hombres no son tan buenos reconociendo el lenguaje corporal como las mujeres. En promedio, los hombres pierden al menos tres señales del lenguaje corporal durante una situación. Esto hace de importancia que la mujer esté interesada en atraer al hombre para que emplee al menos tres indicadores de interés para que el hombre este seguro de que está interesada.

Las personas que estánatraídas por ti inclinarán su cabeza y sonreirán. Las mujeres que estánatraídas por ti también llamaran tu atención a su cuello. La razón es porque de esta forma exponen sus feromonas. Esto también es atractivo para los hombres porque muestra la redondez de la cara de una mujer. Las mujeres cambiaran o tocaran su cabello lo que es otro indicador de que están atraídas por alguien. Cuando las mujeres esta excitadas masajearan lo alto de sus pechos justo debajo de sus cuellos con sus dedos. Cuando una persona estácomprometida contigo dirigirán su torso hacia ti. Ya seas un hombre o una mujer, si quieres transmitir poder deberás tomar tanto espacio como sea posible tomando espacio con tus codos y extendiendo tus piernas, cruzando tus piernas con un pie en la rodilla, etcétera. Los ojos se dilatarántanto en hombres como en mueres cuando encuentran a una persona atractiva. Si estas tratando de construir entendimiento con alguien es importante mantener un lenguaje corporal abierto (así que los brazos sin cruzar) y una cara expresiva. Deja tus manos sueltas y gesticula con las palmas hacia arriba y sonríe. Las personas ven a otros con lenguaje corporal abierto como más atractivos en general.

¿Como gustarle a alguien?

Los investigadores encontraron que las personas pueden hacer comparaciones instantáneas entre dos personas una junto a la otra y decidir quién es más competente, en un estudio, las personas tomaron solo segundos para seleccionar fotografías de candidatos políticos y juzgar su competencia. Mas del setenta por ciento de las caras seleccionadas resultaron ser las correctas. Las expresiones que comunican competencia son una sonrisa genuina "una sonrisa agradable". La ausencia de una sonrisa ha sido demostrada como indicador de menor competencia. El contacto visual es signo de competencia.

A las personas les gustan otros parecidos a ellos. Cuando dos personas se gustan inconscientemente comienzan a "igualar" e "imitar" el lenguaje corporal del otro. Puedes cambiar esto y comenzar a igualar e imitar el lenguaje corporal de alguien más para gustarle a alguien. Esta técnica funciona para cualquiera que esté tratando de lograr gustarle a un colega, entrevistador, conocido, o interés romántico.

La ciencia afirma que las neuronas espejo existen. Como humanos, nos imitamos unos a otros. Copiamos los unos de los otros. Una de las mejores formas de relacionarte en un grupo es copiar los manerismos, volumen de voz, gestos, etcétera. Sin embargo, si alguien tiene lenguaje corporal cerrado n es aconsejable imitarlo. No vas a seleccionar un lenguaje corporal que contradiga tu meta de hacer que alguien más se abra. Si la meta es lograr que alguien más se abra, venderles una idea, ganártelos, etcétera, deberás mantenerte abierto para ser percibido como sincero y comprometido. A este punto, estarás modelándolos para lo que tú quieres que ellos sientan hasta que su lenguaje corporal iguale el tuyo. Sonreirás, tendrás gestos abiertos, asentirás con la cabeza. Cada vez que la otra persona tenga un comportamiento abierto sonreirásaúnmás e igualaras su lenguaje corporal resultando en que ellos se sentiránmáscómodos y mostraran más apertura.

Puedes igualar la respiración de alguien más, sincronizar los gestos, hacer casi cualquier cosa que ellos hagan. Recuerda que no debe ser obvio. Si vez que alguien levanta su bebida levanta la tuya. Si se dan vuelta haz algo similar. Sincronizar con las personas hace mucho másfácil derribar las barreras y resultar agradable por cualquiera que esté a tu alrededor y esto se basa en investigación.

Como estamos influenciados por nuestras propias expresiones no verbales

Las expresiones no verbales dominantes pueden tener un gran impacto tanto en lavida personal como en la profesional. Cuando nos estiramos, tomamos espacio que demuestra dominación. Cuando ponemos las manos detrás de nuestra cabeza y nos recostamos mostramos dominación. Hacemos esto de forma natural cuando tememos poder y también cuando nos sentimos poderosos en el momento. Cuando nos sentimos débiles, nos cerramos nos hacemos más pequeños. Cuando alguien demuestra poder en sus expresiones no verbales tendemos a no imitarlos para hacernos más pequeños. Vemos la demostración de poder en la comunicación verbal de alguien más y colapsamos nuestros cuerpos como respuesta. Esto parece relacionarse con el género. Las mujeres más probablemente tomaran menos espacio con su cuerpo que los hombres. Sin embargo, las poses de poder pueden ser muy beneficiosas para los que las utilizan.

¿Podría fingir llevar a sentirse más poderoso? La respuesta es sí.

Nuestra comunicación no verbal tiene influencia en cómo nos sentimos con nosotros mismos en una situación. Cuando te sientes poderoso lo más probable es que expandas tu lenguaje corporal. Es también cierto que si expandes tu lenguaje corporal (te esparces, tomas espacio) te sientes más poderoso. Los individuos poderosos tienden a sentirse seguros y más optimistas. Toman más riesgos. Psicológicamente hablando, los hombres alfa tienen altos niveles de testosterona y bajos niveles de cortisol. El poder no es solo acerca de la testosterona, pero también mayor resistencia al estrés por ende bajos niveles de cortisol en respuesta al estrés. El cambio de roles puede producir un cambio en la mentalidad y por ende en el lenguaje corporal.

Doblar los brazos, o encogerse y hacerse pequeño es una pose de poco poder. Esparcir tus hombros, inflar el pecho, etcétera, son poses de mucho poder. Los cambios hormonales configuran tu cerebro para ser reactivos al estrés y cerrarse o ser confiado y poderoso. Las poses de poder pueden cambiar tu vida en formas significativas. Las poses de poder pueden ser útiles cuando se hace un lanzamiento, se da un discurso, o yendo a una entrevista de trabajo.

Típicamente, antes de una entrevista de trabajo las personas se encorvarán, verán su teléfono, y cruzarán sus manos, etcétera. Esencialmente su lenguaje corporal se Vuelve pequeño. De acuerdo con los estudios investigativos, las personas con poses de poder antes de la entrevista fueron escogidos para el trabajo. Los factores que afectan si una persona será contratada o no incluye ser percibido (recuerda que la palabra operadora será percibido) como apasionado, confidente, entusiasta, autentico, cómodo, y cautivador. Podemos mostrar estos atributos a través del lenguaje corporal.

Literalmente Podemos cambiar nuestro humor, nivel de confianza y últimamente nuestra identidad si cambiamos nuestra comunicación no verbal.

Toma dos minutos antes de entrar en cualquier situación social, reunión profesional. Haz una pose de poder antes de la reunión. Si te sientes incomodo, abre tu lenguaje corporal de cualquier forma y mantenlo abierto para que puedas construir entendimiento y para que no te pierdas la oportunidad.

Ya sea en negocios, en el hogar, o en una relación, siempre pregúntate estoy demostrando ¿incomodidad o comodidad? Preguntante, la persona con la que estoy hablando se muestra ¿incomoda o cómoda? El enfocarte en esto te llevara a explorar asuntos que están escondidos, o a verificar la validez de las oraciones expresadas. Constantemente transmitimos información de nuestros pensamientos, intenciones, y sentimientos a través de respuestas límbicas. Generalmente los comportamientos que veras caerán en una de estas dos categorías (comodidad o incomodidad) por lo que podemos agradecer a esta parte emocional del cerebro: el sistema límbico.

Conclusión

Tus pensamientos se dejan ver en tu lenguaje corporal. Las personas son consiente e inconscientemente capaces de reconocer como te sientes respecto a ellos, cuanto te estas guardando, y si te agradan o no. Puedes cambiar tus pensamientos para que tu lenguaje corporal refleje naturalmente tu mentalidad o puedes ser consciente de los "indicadores" de tu lenguaje corporal para que muestres lo que quieres mostrar. El lenguaje corporal no puede solo cambiar la opinión de los demás acerca de ti, también puede afectar positivamente como te sientes sobre ti mismo dejándote más éxito tanto en tu vida romántica como profesional.

Ahora estas equipado con herramientas basadas en evidente para ayudarte a entender la psicología del lenguaje corporal, como usarlas en tu beneficio, y como mantener un lenguaje corporal adecuado para una ventaja en la vida.

www.ingramcontent.com/pod-product-compliance
Lightning Source LLC
Chambersburg PA
CBHW071233020426
42333CB00015B/1447